LA
VERSAILLAISE

LETTRE

A MESSIEURS NOS DÉPUTÉS DE SEINE-ET-OISE

PRIX : 3o CENTIMES

PARIS

GABRIEL JUGE, ÉDITEUR

LIBRAIRIE DE L'HOTEL DU LOUVRE

164, rue de Rivoli.

1871

POUR PARAITRE PROCHAINEMENT

A LA MÊME LIBRAIRIE

La Démagogie bourgeoise à la ville et à la campagne,
avec l'art d'accommoder les restes d'une dynastie quel-
conque. Prix : 3o centimes.

9272 — Paris, imprimerie Jouaust, rue Saint-Honoré, 338.

Messieurs,

Il est des gens que vous ne contenterez jamais. La raison s'en trouve plus aisément qu'un seul homme d'État, dont nous avons pourtant grand besoin : élevés dans le mépris des traditions et des usages que tout le monde, hormis eux, sait respecter, lors même que ces traditions et ces usages blessent un peu le sens commun, ils prétendent examiner et contrôler, avant d'y souscrire, ce que les autres acceptent docilement, en bons citoyens, amis de l'ordre et de tout ce que vous voudrez, comme on doit le faire. Ils répondent à cela que les sciences sociales ou politiques — ce m'est tout un — ne peuvent se bâtir en l'air, non plus que la physiologie ou telle autre science qu'il vous plaira nommer, en dehors, bien entendu, de celles appelées occultes : spiritisme, religions américaines, de l'Inde ou de la Chine révélées, cartomancie, nécromancie, tables et coiffures tournantes, etc., toutes sciences au-dessus de l'entendement vulgaire ou simplement humain, et desquelles on ne peut raisonnablement parler qu'autant qu'on n'a pas eu besoin de les apprendre. Donc faut-il, à leur avis, dans l'étude des sociétés humaines, ne pas s'arrêter aux croyances imposées et à l'apparence des choses, et, tout au contraire, repoussant les illusions, vouloir ce que les faits rigoureusement observés et bien prouvés nous commandent d'accepter sous peine de calamités affreuses, de ruine et peut-être de male mort. Suivant eux, en effet, les nations meurent comme les individus, et l'urgent est de les empêcher de finir, si faire se peut, étant bien établie l'impossibilité de les ressusciter ensuite, à moins qu'elles ne soient pas tout à fait éteintes.

Voilà des affirmations nouvelles et bien faites pour nous étonner, n'est-ce pas ? Mais nous sommes loin du tout, messieurs; et si vos occupations ou vos loisirs vous permettent un peu d'attention, je vous dirai bien d'autres choses à vous faire dresser et les cheveux et les oreilles. D'ailleurs, pour la gravité des matières je serai bref, mérite que vous pourrez facilement apprécier, ayant le bonheur d'ouïr souvent M. Thiers, à la fois le plus petit et le plus considérable, vous le dites si bien vous-mêmes, de nos hommes politiques.

Eux, j'y reviens, disent encore : une des plus folles bouffonneries modernes, c'est de voir certaines populations véritablement monarchistes user néanmoins, à peu près, du suffrage universel. A peu près, faut-il remarquer : car il ne suffit pas que tous les hommes, avec les auvergnats, votent dans un pays pour qu'il possède réellement le suffrage universel; les femmes doivent bien aussi compter pour quelque chose, à moins qu'on ne soutienne qu'elles font seulement partie de l'humanité dans les affaires où l'intelligence n'est pas absolument nécessaire. Il y a cinq ou six siècles à peine, ceux qui faisaient lors dans le monde la pluie et le beau temps, réglant tout là-haut, et ci-bas bénissant, anathématisant, multipliant et croissant, croisant et brûlant aussi un tantinet, mais toujours pour les bons principes, les théologiens, en deux mots, étaient partagés d'opinion à l'égard du sexe auquel nous devons nos mères, nos femmes, nos filles, nos sœurs et, pour ne pas sortir de chez nous, Jeanne d'Arc, qui valait bien des généraux, et Mme de Staël, qui valait bien des publicistes. La question leur paraissait très-épineuse : Les femmes ont-elles une âme, oui ou non? Il était permis d'en douter après l'histoire malheureusement bien connue du serpent tentateur et séducteur ; mais, d'autre part, Jéhovah ayant laissé entrevoir, paraît-il, par ses prophètes, qu'un jour viendrait funeste audit reptile, dont Ève écraserait enfin la tête, — ce qu'elle aurait bien dû faire d'abord, — il était également permis d'hésiter et naturel d'attendre pour se prononcer sur un sujet de cette importance; nous disons pour se prononcer sans légèreté regrettable, car une fois le dogme établi, tourné du mauvais côté, plus n'était possible y revenir, et pour l'éternité les chères diablesses étaient privées de l'amour et de la musique. Aujourd'hui tous sont d'accord, croyons-nous, pour que le sexe portant jupe jouisse de ses droits de Paradis autant et même plus que le sexe portant barbe, et nos législateurs, seuls assez peu de leur époque, et, songez-y! pour les méprisables intérêts de la terre, sont moins avancés que frère Veuillot ou bien père Frappart, à la vérité plus charitable.

Je dois vous l'avouer en toute humilité, mes frères..., — pardon! je n'y étais plus, et je vous prenais pour un concile, — je vous avouerai, messieurs, que cette raison m'a presque ébranlé, tant je suis sensible à ce que l'on me dit, si l'on s'appuie, pour me convaincre, sur la religion, sur la foi de nos pères, messieurs! que vous défendrez toujours, mes frères! Ah! voilà, je m'échauffe et je n'y suis plus du tout. Je dois vous parler de bonnes lois et de science politique, de diplomatie et de finances à trouver ou à refaire, de choses sérieuses, sans mentir, et je cours à Rome quand il me faut simplement rester à Pontoise.

Retournons. Pour les femmes électeurs et éligibles, passe encore. On ne peut, sans mauvaise foi trop évidente, nier la force d'un raisonnement où l'on invoque et le malin et nos docteurs.

Bien d'autres considérations inspirées par l'esprit du siècle, et partant bien éloignées de valoir le diable et le reste, sont présentées par ces gens imbus, malgré tout, d'idées pernicieuses et subversives, filles de la Révolution et de la philosophie terre à terre qui, dans son orgueil insupportable, prétend s'en tenir simplement aux lumières naturelles. Le mal et la pitié c'est de les entendre soutenir gravement qu'ils respectent seuls en France le suffrage universel. Misérables républicains ! Comment ! nous qui le voulons assez libre et souverain pour qu'à son plaisir ou son appétit il puisse se donner un maître, constitutionnel ou absolu, et cela *in secula seculorum,* pour lui et pour ceux d'ensuite, nous serons, si on les croit, ses ennemis ! Que dis-je ? ses meurtriers ! Voyez un peu l'insanité. Je m'échaufferais encore et ne saurais plus rien dire. Passons à d'autres moutons, et qu'on ajoute, si l'on veut, au troupeau électoral les brebis, puisque aussi bien on le devra à nos casuistes.

Mais, répliquent-ils, pas de monarchie possible sans le suffrage restreint, et vous devriez y revenir. — Nous y reviendrons plus tard, si le jugeons nécessaire. En attendant, point ne devons oublier de consulter la sibylle. N'ayez peur, elle est pour nous. — Oui, vous désirez un roi, et vous l'obtiendrez, sans faute, car vous êtes les plus nombreux, en comptant avec vous les citoyens qui ne sont pas sûrs que la Normandie soit en France, s'ils sont, en revanche, bien persuadés que la Corse est notre berceau. Seulement, quel choix ferez-vous ? Il est inutile de vous parler d'une reine : vous êtes trop Gaulois pour cela, et ne sauriez la respecter. Avec Henri V, seul capable de panser nos plaies, s'il faut l'en croire, vous guérissez tout au moins les écrouelles du royaume, avantage non mince et dont ses ancêtres, depuis Dagobert, ont possédé la recette, quoique iceux, par humilité chrétienne sans doute, n'en aient jamais fait usage personnellement. Les lois ayant un peu changé depuis, il lui suffira, pour exercer sans crainte de l'amende ou de la prison, d'être reçu par la Faculté, d'ailleurs indulgente et pour cause. Point ne le repoussera, au contraire : *dignus intrare.* Si, plus amateurs du genre à la mode, vous n'exigez pas un trône forgé par saint Éloi, mais préférez quelque chose de bourgeoisement élégant, pris chez n'importe quel ébéniste en renom et comme il convient aux roueries de la Régence tempérées par l'égalité des bonnets à poil, votre affaire est encore meilleure. Un excellent trône en poirier, sobre d'ornements, mais solidement rembourré de billets de banque et de bonnes vieilles chartes, vernis et couleurs garantis dix-huit ans, doit suffire à vos ambitions les plus légitimes. — Certes, pensai-je, écoutant tous ces propos, cela suffirait en effet. Restons-en là, s'il vous plaît, crainte de moins bien tomber. Si maintenant...

— Entre nous, messieurs, il n'est pas nécessaire de vous répéter ce qu'ils ajoutent et sur une troisième dynastie bien connue, dont vous vous passeriez volontiers, je gage, à cette heure. Mais, comme pis aller, sans doute accepteriez-vous un bon tour de sa façon sur les éternels contempteurs de nos autels et de nos princes? Il faudra voir. Croyez-m'en, ne nous brouillons avec personne; on peut avoir besoin de tout le monde, et mieux vaudrait être gouverné par Barrabas que par les républicains; bonnes gens au fond, loyaux et serviables, étrangers aux troubles et désordres dont profitent leurs ennemis, pauvres hères qui ne feraient pas de mal à une mouche, je vous l'affirme, et plus bêtes que ne pourriez croire, préférant leur conscience à leurs intérêts, et payant sans manquer les pots cassés qu'ils voudraient sauver, non pour eux, mais pour tous, quand ailleurs, en dessous, on rit assez de la casse, dont les morceaux sont toujours bons. Mais avec la République, où personne n'est maître que la loi, plus de priviléges et de sinécures, et de bureaux de tabac réservés à l'opinion saine et congruente; plus de religions dans l'État, qui dispense souvent à ceux qui croient et ne payent point l'argent de ceux qui ont le droit de ne pas croire pourvu qu'ils payent sans se plaindre; plus d'ignorance, force instituteurs ne crevant plus de faim comme à présent, — dont je n'ai cure, tant ils nous font de mal, si peu nombreux soient-ils, — et partant, infiniment moins de coquins de tous les étages à saisir, emprisonner, nourrir, garder ou bien expédier, après jugement, à la Guyane ou sur la place de la Roquette, et dont vivent tant de particuliers à ce commis : gendarmes, geôliers et autres employés des prisons; architectes et maçons pour les bâtir, juges, avocats et huissiers sur les dents, avec beau papier timbré, non en minime quantité, mis à mal par les greffiers, et dont voudraient bien se servir les imprimeurs et les libraires, matelots en course après la gendarmerie, et, tout au bout, exécuteurs grassement payés pour la besogne que savez; plus de belles fêtes et cérémonies officielles où l'on festine et l'on s'amuse comme il convient entre personnages chargés de garder la tradition des nobles manières et des plaisirs bien entendus; au lieu de cela, une économie sordide, les yeux d'un chacun toujours fixés sur le trésor public et tout contrôlé sans vergogne et sans ménagements; les travaux indispensables ou simplement utiles passant avant ceux de luxe ou de seconde nécessité, et pourtant, Voltaire, leur hideux Voltaire luimême l'a dit : *Le superflu, chose si nécessaire...* [1]; des fabriques et des ateliers en plus grand nombre et moins de cabarets et

---

1. Le bonhomme est sans doute malheureux dans son unique citation de Voltaire : il n'aura saisi, croyons-nous, que la lettre du vieil Arouet.

autres lieux édifiants pour la jeunesse des deux sexes ; des chemins de fer et des bibliothèques, des théâtres où l'on jouera souvent le *Tartuffe*, et jamais, faute d'un certain public élégant, les polissonneries amusantes de M. Chose ; l'industrie et le mercantilisme remplaçant partout l'agiotage et les spéculations hardies, au vol puissant et étendu, avec loteries pour les cathédrales à construire; des découvertes, des inventions ; les impôts allégés pour l'agriculteur, le commerçant, le travailleur, et, d'autre part, atteignant le capitaliste, au mépris de toute justice et du bon sens le plus élémentaire ; la richesse, enfin, s'universalisant dans ce peuple maudit, qui payera jusqu'au dernier sou et sans étonnement les dettes qu'il n'a point faites, mais qui, ne visant plus à son salut en perdant le bienfait de la misère, finalement sera damné comme une male serpe.

Mais, grâce à Dieu, je combats inutilement, et les dangers ne nous menacent guère. Ils l'avouent eux-mêmes en reconnaissant que la réalité dans la France de Clovis, de Louis XIV et de Louis XV ne s'accommode point de leurs doctrines. Ils n'ont pas eu les siècles à leur disposition pour pétrir les intelligences, et toutes fois qu'ils ont trouvé un bon petit quart d'heure, prêts à mettre la main à la pâte, ils ont succombé : nous leur avions laissé d'autres fardeaux sur les épaules. La populace était avec eux telle que sous nos rois parternels et tutélaires : ne sachant rien, bestiale, cruelle comme un orang et tuant tout, l'ayant vu dès le premier jour pratiquer aux héros de la sainte ampoule. Dans les crises révolutionnaires, nos hommes de loi tarés, nos prêtres renégats, nos valets et nos comédiens s'imposaient, dominaient tout, écartant les philosophes et les savants, leur coupant la tête sans crier gare, et menant la nation par les procédés de l'ancien régime. D'autres, travaillant de leur côté, mais toujours soumis à la Providence, dont les voies diverses sont impénétrables, insurgeaient la Vendée, soulevaient Lyon, livraient Toulon à nos camarades les Anglais, qui, sans cesse prêts à bien faire pour obliger leurs voisins, nous prêtaient généreusement leurs presses pour contrefaire un milliard d'assignats et se chargeaient des assassins et des faussaires à débarquer sur ce sol impie et sacrilége. A la voix de nouveaux pèlerins, tous bons Français, pieux et nobles, l'Europe entière se croisait contre une poignée de mauvais révolutionnaires épargnés par les échafauds ou par la mitraille, et, malgré les horions reçus, car ces mécréants, une fois montés, ne gardent rien de leur douceur primitive, nous les mettions enfin à la raison, et Satan était replongé pour l'éternité, ès ténèbres de la géhenne.

Ayons donc confiance et procédons au nez de leur impuissance et de leur malice. Tout arrive à point, et nous ne devons craindre désormais d'autres ennemis que nous-mêmes. Évitons de nous diviser au moment de recueillir le fruit de nos efforts et de leur défaite. Nous rirons bien après, soit avec la branche aînée, soit avec la branche cadette, soit même... enfin, cela dépendra des événements et des petites convenances. Il faut se conformer au temps, ne le mettons en oubli, mes frères, je vous prie; nous n'avons que notre pauvre vie en ce monde; la marmite doit passer avant les scrupules, et point ne faut tant regarder au gâte-sauce qui l'écume, ou à celui qui, plus adroit, tient solidement la queue de la poêle.

Or, pour tout prévoir, faut-il, je pense, se renseigner un peu partout, et ne pas dédaigner au besoin les avertissements et les conseils de ceux dont nous repoussons, à bon escient, les théories et la conduite. Ces parias, confinés dans leurs opinions et s'y cramponnant mordicus, sans aucun souci des joies du triomphe qu'ils savent bien ne devoir arriver qu'aux calendes grecques, c'est-à-dire après leur mort (ce serait tout un pour nous), parlent souvent avec sagesse, et ne sont vraiment détestables et imbéciles que dans leur habitude de vivre et dans leurs façons d'agir vis-à-vis les puissances légitimes. Le démon est bien fin quand il veut perdre les âmes. Il ne fait pas briller aux yeux de chacun les dignités et les splendeurs royales. Il userait sûrement ses griffes à tenter par ce moyen ces natures insociables et soupçonneuses, et qui ne consentiraient jamais à passer la culotte courte et à chausser les escarpins. Non que ces espèces soient des stoïciens renouvelés de ceux de l'antiquité, et tels que nous pouvons bien les voir dans nos tragédies modernes. Loin de là. Ils font beaucoup de cas du bonheur qu'on atteint avec la fortune, et sont très-sensibles aux beautés terrestres, si peu ne se soucient des autres. Mais, disent-ils, tout est dans la manière de s'enrichir. Chose louable et noble est d'y arriver par les labeurs du commerce, de la pensée ou, plus modestement, de nos bras, et ne dérogeons qu'autant que voulons saisir les jouissances par faveurs et complaisances, industries de cour et canal des femmes. Qu'auraient dit nos pères, messieurs, gentilshommes tant respectables et respectés, entendant parler ce langage? Point ne rien faire, si ce n'est donner le ton à la ville et, à la campagne, chasser le daim ou moindre gibier, au préjudice parfois des récoltes, mais sans jamais tort d'un fétu aux pauvres glaneurs de la dîme; courtiser finement l'oint du Seigneur et ses amours (aux rois la Bible permet d'en avoir), et protéger toute jeunesse bien éduquée et bien pensante, était-ce, par notre salut, suivre métier de vilain? Je ne parle pas de la guerre, car n'y allaient qu'avec les autres, et bien souvent, force est-il de l'avouer, les vilains auraient mieux fait qu'eux, et avons-nous perdu grandes batailles par leur faute.

Mais qui ne s'indignerait à l'aspect des croyances les plus vénérables discutées, attaquées, renversées, foulées aux pieds ? Ne quittez Versailles, nos élus, ou bien tout s'écroule. Les vieilles mœurs y régnaient autrefois, quand nos dragons, plus ignorants encore que les apôtres, catéchisaient et convertissaient sans efforts et sans résistances. Il est vrai qu'ils n'avaient affaire qu'à des protestants, des demi-chrétiens, et que rien ne servirait de les envoyer à ces fils gâtés de l'Encyclopédie et des physiocrates. Et ces malheureux ajoutent, convaincus : En faisant nos affaires, nous ferons celles de la nation ; en gagnant de l'argent, nous en donnerons à l'État, et, si l'on veut bien nous laisser agir à notre guise, nous aurons tout payé dans dix ans, dettes et travaux indispensables ; et possible est-il que tout nous rentre alors, sans qu'il soit besoin des fusils, si d'autre part nous ne manquons de diplomates. Mais point de cour et d'inutiles à gorger des plus fins morceaux, point de créatures des deux sexes à entretenir congrûment, car, ne dussions-nous économiser qu'un demi-milliard par almanach, — ils reviennent vite, — n'en rougissons pas : le temps est arrivé de liarder.

Songez combien les esprits sont perturbés et loin des sentiers de justice, si des cerveaux pourtant non petits, je le vous jure, couvent telles nouveautés et ne tendent à rien moins qu'à les introduire dans la pratique ! Que deviendrions-nous, je vous prie, au train qu'il nous faudrait subir, et perdus dans ce monde d'émancipés, tous sachant lire, penser et parler, ouvriers et manants, gens de rien et de boutique, au moulin comme dans les faubourgs, dans les champs et dans les manufactures ? Mais nos pasteurs, si ne me flatte, y mettront bon ordre et bientôt. Je dis pasteurs sans distinguer ceux de la foi de ceux laïques.

Afin que vous sachiez, messieurs, comment j'ai pu connaître par le menu des errements si condamnables, je dois vous conduire en esprit au fond même de nos provinces, en plein Périgord, beau pays qui mérite bien une visite en dehors des occupations électorales et du désir fort avouable de manger les meilleures truffes. Un mien parent et ami l'habite depuis quarante ans, c'est-à-dire depuis sa naissance, car Périgourdin est-il par le sang autant que par les manières, n'ayant de sa vie quitté ses vallées et ses collines. Comment le venin du mensonge a-t-il pu l'atteindre et pourrir, au milieu des travaux champêtres, loin de nos cités empestées, et d'ailleurs ne voyant personne sinon moi, qui, le visitant à la Saint-Jean et aux vendanges, le gourmande et le mène rondement, tambour battant, sans égard aucun pour ses dires ? Je vais vous l'apprendre aussitôt. Notez qu'il est le modèle des pères de famille et que jamais foyer ne fut à la fois plus heureux et plus respectable que le sien, n'était que madame ne va nul dimanche à la messe et les fêtes pareillement. Sauf cela, on y fait bonne cuisine pour recevoir dans la saison, et ne pourrait-on apprécier autre part plus fin gibier, grasse volaille à la chair dorée, tendre et savoureuse, n'étant pas, comme celle de certains pays, nourrie d'asticots, mais bien de grains en abondance, et mêmement de ce maïs dont on fait aussi des galettes et de la bouillie qui, fricassée et sucrée, est pâtisserie délicate. On l'ordonne depuis cent ans contre toutes affections d'entrailles, et produit-elle mille fois les effets de notre coûteuse et tant vantée revalescière. Cela pour votre profit. Le poisson y est délicieux : barbeau, brochet, goujons, anguilles de toutes les grosseurs (les petites sont les meilleures) et truites aussi, qu'on arrose dignement, il faut n'en douter, car le vin de notre ami est de ceux qui se laissent boire. Les livres ont fait tout le mal. Dès sa tendre enfance il lisait, lisait à se faire tourner la tête, ce qui advint sans tarder. Un grand-oncle instruit, et commun aux deux branches de la famille, avait laissé, trépassant, une bibliothèque déjà belle pour l'époque et qui, revenant par héritage à son père, fut pour le pauvre cousin, curieux, pis qu'une légion infernale. Mieux aurait valu pour l'imprudent écolier qui grimpait à la dernière tablette, au risque de tout se rompre, qu'il m'eût suivi dans les bois où je dénichais les merles ; point ne serait à cette heure perdu sans rémission, malheur par trop déplorable, car son cœur, non contaminé, n'a jamais péché avec sa cervelle.

Il y a donc bien quinze jours, j'étais chez lui, suivant la coutume, et à l'issue du repas où, pour se venger de mes colères, sournoisement et toujours riant, il m'avait un peu poussé au delà de mes habitudes, nous sortîmes pour aller voir les divertissements du village, car nous étions de frairie. Tout en marchant et devisant, il me demande : « Ignorez-vous que Montaigne est né à huit lieues d'ici ? — Non, certes, lui répondis-je, encore que jamais ne l'ouvre, ne l'aimant brin. Peut-être, s'il n'eût écrit, l'eussé-je aimé comme les autres ; mais il nous a trop chagrinés et troublés par ses réflexions malséantes et ses doutes perpétuels. De là sont venues toutes pestes. — Bien. Cependant, lui reconnaissez une grande intelligence ? — Pour sûr, ce dont je me plains, et faut-il remercier Dieu que ces bons paysans ne puissent le lire : plus ne seraient comme ils sont, attachés à leurs usages, bien pensants ne pensant rien, ce dont vous êtes penauds et enragez. — Je le veux bien. Mais Fénelon ? C'est aussi un de nos compatriotes ; à la vérité, moins que le premier, ayant vu le jour plus là-bas, sur les confins de la province. — Je le sais. Mais à quel propos me le dites ? Vous en pourriez nommer d'autres, et parmi, ce La Boétie, mort, pour notre avantage, sans avoir trop fait des siennes. Pas n'est besoin me rappeler tous vos produits. Ils sont marquants, je vous l'accorde ; mais vous ne me citez que les uns : les baudets sont pourtant ici et nombreux et très-remarquables. — Vous avez joliment raison ; croyez que nous en tirons fortes sommes et grand travail, quoique têtus. Mais revenons à Télémaque. — Nous n'approuvons pas les romans, lui dis-je, et surtout ceux écrits par les évêques. Votre Fénelon se mêlait de beaucoup de choses, dont mal lui prit. — Mais sa douceur, sa bienfaisance, son amour de l'humanité ? — C'est bel et bon ; mais je préfère, suivant nos autorités, l'ignorance enviée qui nous sauve. Tenez, vos grands hommes, avec leurs discours, leur science, leurs qualités et leurs volumes, font vrai métier d'empoisonneurs et devraient être poursuivis comme assassins abominables. » Nous arrivions en ce moment sur le lieu même de la fête. Beaux arbres séculaires, touffus, ombrageant danseurs et danseuses, joueurs de quilles et force buveurs. Peu de minois, beaucoup de laides ; les femmes, dans cette contrée, s'échinent parfois autant que les ânes et viennent vieilles de bonne heure. Le bœuf, mieux soigné que l'épouse, laisse en mourant plus de regrets et fait couler plus de larmes ; le vétérinaire est payé avec moins de répugnance que le médecin, et le rebouteur que le vétérinaire. Au demeurant, pays superbe et populations dévouées, prêtes à tous les services, marchant sans bouder aux urnes et sachant bien les remplir. « La campagne est une belle chose, dis-je au cousin, qui restait rêveur. — Oui, la nature est admirable, malgré nos folies, et les campagnes aussi, même avec.... — Avec quoi ? — Les campagnards. — Je... — Écoutez, je suis comme les autres, un rural, et vous savez si plus qu'eux je me trouve embarrassé pour construire une meule, manier le pressoir et, quand il le faut, le garniment. Je connais un peu les livres, c'est vrai, et ma librairie, comme disait Montaigne, est assez considérable pour un paysan et contient des éditions rares ; mais le caveau, qu'en dites-vous ? Je fais mon vin, sans me vanter, mieux que la plupart de mes proches. Vous l'estimez assez, j'espère, et néanmoins je dois ce soir vous faire tâter d'une sorte qui laisse loin les autres cachets. Elle est pour vous encore vierge. Pensez-vous que mes chers bouquins fassent du tort à mes affaires ? Si le croyez, vous vous abusez pleinement ; et, quant à vos villageois bénis, hommes suivant Dieu, la nature et monsieur le maire, à mon grand regret, il me faut vous tirer d'une erreur encore plus profonde. Parmi ces gars que vous regardez danser, jouer, chanter, rire, brailler, dans un patois qui pour sûr ne vaut pas la langue française, pourrait se trouver des témoins, des acteurs du sombre drame d'Hautefaye. — Ah ! M. de Moneys, brûlé vif.... — Justement. Rassurez-vous. Nous sommes dans un arrondissement autre que celui de l'auto-da-fé ; acte de foi s'élevant non vers Dieu, mais vers l'empereur. Au reste, vous savez, les Romains sacrifiaient à la divinité de Tibère. Mais, à la vérité, ce sont les mêmes paysans, nos voisins, les mêmes types, et cela s'est perpétré à deux pas, malgré la distance. Cela aurait pu se perpétrer ici même où l'on s'amuse. — J'avoue que ce noble jeune homme...

— Écoutez encore, vous, catholique pratiquant : On sait dans toutes nos chaumières que les curés ont la faculté de faire avec Satanas la grêle. Cette fabrication vous étonne ? C'est pourtant bien simple : un curé passe, par un temps d'orage, à la bifurcation de chemins ; on le voit, on le suit : s'il n'échappe, on le lapide. Le malheureux ténébrion était, comme Jupiter, un assembleur de nuages, et les grêlons tombant drus, coupant, broyant les grappes déjà mûres, le produit de ses accointances avec le diable. — Pas possible ! — Si fait, notre ami. On l'a vu levant le bras et débitant le grimoire, et ne ménageant pas du tout les signes cabalistiques. Et croyez-vous ! au moment où l'on allait recueillir le loyer de tant de fatigues, de soins, d'inquiétudes aussi ; après la gelée, après le brouillard, tout nous a été ravi, enlevé par ce suppôt ! Ne rions plus, mais pleurons. Autrefois on a brûlé leurs aïeux, dûment atteints et convaincus, car ils l'avouaient eux-mêmes, du crime horrible des sorciers. Ils fréquentaient le sabbat, n'espérant plus qu'au démon, moins à craindre que les puissances. Depuis, les a-t-on désabusés ? Où ? comment ? Serait-ce en chaire ? Hélas ! l'ange maudit n'est pas mort et le prêtre toujours l'invoque, car Dieu, plus compatissant que les philosophes, veut que tout le monde vive et fait luimême au mauvais la part plus large que la sienne : pour un élu, pour un saint, que d'âmes vouées à l'abîme ! — Ce sont articles de foi ; ne touchez, mon cousin, à ces matières. — Soit. Mais le livre ? le journal ? Ah ! mon ami, s'ils savaient lire ! Mais vous le voyez, ils rient si nous leur parlons comme on parle à Versailles ou à Bagnolet, et, leur servant de lecteurs, nous aurions besoin d'un truchement, même pour l'*Écho de Vésone*. Où vous semez l'ignorance, la superstition, la peur, que voulez-vous récolter, sinon la folie et parfois le crime, cette folie en action, à Paris comme dans l'océan Pacifique, chez les cannibales comme au milieu de la Dordogne ? La science seule crée la morale en dévoilant le beau et le vrai ; hors d'elle, la bestialité commande. Mais ne nous divinisons pas, nous plus civilisés, sans doute, mais toujours les fils de ces tribus anthropophages dont on retrouve encore les os mêlés à ceux de leurs proies et de leurs victimes, et qui occupaient notre sol, leur sol, à l'époque du silex taillé, c'est-à-dire à l'âge de pierre. On peut se faire une idée de leurs mœurs

et de leurs croyances en observant les sauvages actuels, qui, entre autres coutumes, pratiquent la sorcellerie, l'infanticide, la torture pour les vaincus, que l'on mange avec allégresse, et le vol à désespérer les premiers sujets de Londres. Nos druides font à leur tour parler d'eux, et plus tard, sous des chefs moins chevelus, mais à la vérité mieux peignés, nos Dominicains, ces terroristes avant la lettre, s'entendent assez en supplices. — Et vous croyez qu'avec l'imprimerie on aurait empêché ces choses ? — Je vous l'avoue ingénument, pourvu toutefois qu'on n'y eût pas mêlé de fâcheux exemples. — Vous vous trompez, mon cousin, et l'esprit de perdition vous égare : le serpent est cause de tout. Je veux...
— Ah! de grâce, remettez enfin votre couleuvre dans la poche. Je ne saurais plus plaisanter, car tout ici-bas a son terme. »

Je n'osai vraiment souffler mot, en quoi fus-je sans doute blâmable, et me le reproche aujourd'hui. Nous ne devons aucunement leur céder, en laissant ces audacieux, avec la dernière raison, garder l'orgueil du triomphe. J'ai manqué et dois en pâtir.

Nous poursuivions notre promenade, mais dans un silence absolu, quand tout à coup, au détour d'une allée, nous heurtons presque le maire. Deux gendarmes se trouvaient là. Point ne l'aurais remarqué, car il n'avait son écharpe; mais le cousin, plus près de lui, le salua froidement, m'apprenant que c'était l'édile, avec son nom tôt oublié et qui n'importe guère, je pense. Appuyé contre un gros tilleul et surveillé par les baudriers, gens polis et très-convenables, se tenait un quidam râpé, sans linge aucun, près d'une machine, son chapeau gras sur le gazon, et parlant à toute la foule qui l'entourait et se moquait. « C'est un physicien de village, me dit le cousin, souriant. Sa machine est une machine électrique, et peut-être va-t-il nous donner une séance intéressante. Mais le pauvre vulgarisateur ne fera pas grosse recette si nous ne l'étrennons d'abord. » Ce disant, il jeta dix sous dans le couvre-chef fantastique, et, à mon tour, j'en fis autant. Comme s'il eût été mû par quelque ressort invisible, l'homme se dressa, regardant, et nous remercia d'un air gracieux et satisfait, mais comiquement digne et grave. Les campagnards se taisaient presque et nous observaient en dessous avec assez de malice, mais passablement intrigués. Tournant alors la manivelle, notre professeur glorieux se mit en devoir d'agir, sans abandonner la parole, qu'il maniait de façon plaisante et sans le moindre embarras. Par malheur, ses explications péchaient par trop d'abondance, et les mots de négatif, positif, de fluide et de paratonnerre finirent par éveiller l'attention du magistrat de la commune. Nous le pensions disparu, mais fûmes-nous détrompés l'entendant crier comme quatre, s'exclamant contre la phy-

sique, la chimie et *la magique*, accusant l'artiste ahuri de vouloir
appeler la foudre, — malgré le ciel bleu, pur et clair, — et patati
et patata, qu'il allait tuer les tilleuls, les marronniers et tout le
monde. Elle est bien bonne, dit l'autre, riant. Il eut tort,   mal
lui en vint : le maire le prend à la gorge, lui mettant un poing
sous le nez, et l'eût bien arrangé, je gage, sans notre interven-
tion rapide. Il le lâche enfin, corrigé. Les gendarmes point n'ap-
prouvaient, non plus que le garde champêtre et pareillement les
paysans, car ils sont bons au fond de l'âme et prennent parti
pour le faible quand on ne les abuse pas. Le pauvre sire, tout
froissé, voyant qu'on lui était sympathique, prit la chose avec
patience, s'excusant d'avoir pratiqué sans la permission du
maire, et remettant à plus tard la suite de ses exercices. Il avait
cru qu'il suffisait de montrer ses papiers en règle. Au bruit
étaient accourues la mairesse avec ses trois filles, traînant un
affreux roquet aboyant et mordant les jambes, femmes du plus
mauvais ton, piaillant et interpellant sans gêne Guillaume,
Baptiste et Jeantou, et ne saluant personne. Leur digne mari et
papa, radouci, honteux peut-être de son zèle, se déclara fort pour
la paix, et sans méchanceté aucune, ajoutant que son devoir seul
l'obligeait, mais qu'il verrait avec plaisir qu'on tirât la bonne
aventure ou qu'on fît des tours amusants, non dangereux :
escamotages, omelettes dans un chapeau, ce qu'on voudrait.
L'artiste dit qu'il était prêt. Mettant à l'écart sa machine et dé-
nouant un vieux foulard d'où il tira ses ustensiles, qu'il posa sur
une table improvisée (une planche sur deux barriques), il fit
savoir à l'honorable société, en saluant monsieur le maire, qu'il
débuterait en escamotant l'aimable toutou de ces dames, à quoi
chacun applaudit, lesdites dames les premières, touchées de la
galanterie. Gros sous de pleuvoir. Le carlin, débarrassé de sa
ficelle, ne fut pas plutôt enlevé qu'il disparut. On bat des mains
et l'on trépigne; on cherche partout l'animal, mais sans succès.
Les péronnelles s'inquiètent déjà et rougissent : peut-être s'est-
il réfugié, le bijou, sous des jupes inviolables. Elles se palpent,
tournent, virent, point de nouvelles du chien-chien, quand, ô
prodige! un cri de colère s'élève : il se retrouve effaré, grognant
et rageur, au fond de la large poche de l'autorité, dont il a
mordu la main bel et bien. Le tour était réussi, dit un des gendarmes judicieusement; mais le chien de monsieur le maire
n'entend rien encore à la raillerie. On rit, sauf l'auguste famille,
qui perdait de son prestige et qui décampa irritée.

« Bah! il prendra sa revanche aux élections, nous dit, mais
tout bas, le physicien; il est encore plus fort que moi, et la
prestidigitation a fait de bien grands progrès depuis vingt ans. »
Nous partîmes aussi, car le dîner nous attendait et l'appétit

m'était venu, malgré le déjeuner copieux, dans le temps de l'escamotage.

Je ne m'étendrai pas, messieurs, sur les richesses du service ni sur le vin au cachet vert que le parent m'avait annoncé, et, croyez-le, sans le surfaire. Pour estimer comme il convient une table si délicate, il faut s'y asseoir, et d'ailleurs je ne dois vous entretenir que de cuisine politique. Mais que vous dirai-je de plus, sinon qu'il faut renoncer à convertir ceux qui se posent en infaillibles. Je prie Dieu pour eux, tous les jours, qu'avant le jugement dernier ils croient à la mort éternelle. Le feront-ils?

Je ne dois pourtant terminer sans vous faire connaître les dernières opinions du cousin. Je vous l'ai promis; je le fais, n'en dussiez-vous, comme je le crois, retirer aucun avantage. Je me rappelle qu'au dessert il soutenait:

Que les flatteurs des paysans sont les pires démagogues;

Que les pétroleuses et les drôlesses de la haute fashion sont allées à la même école, et qu'à force de brûler des punchs en allumant des cigarettes, une femme rêve incendie;

Qu'un détestable gouvernement se reconnaît à son machiavélisme à l'intérieur et à sa jobarderie à l'extérieur;

Que ce ne sont ni les places fortes avec les capitales formidablement défendues par les canons et les murailles, ni les armées victorieuses à Pékin et à Mexico, ni le souvenir du beau Dunois, ni les exploits de la police, ni les citoyens armés jusqu'aux dents et qui ne sauraient plus sortir sans un revolver ou un casse-tête, qui peuvent sauver un pays. Qu'avant tout, la liberté et l'instruction, avec la politique du sens commun, rendent les nations invincibles;

Enfin, que le meilleur roi constitutionnel serait encore une reine, et qui s'appellerait la République; mais que le suffrage universel, pratiqué sans la République, conduit fatalement à l'anarchie, en passant par le césarisme. Qu'ainsi, si l'on s'obstine, enfant, à prendre les culottes de son père, on ne parviendra jamais à les retenir, même avec toutes les bretelles, et qu'après après avoir retâté de Badin...., de Bonaparte, ce qui ne peut manquer d'arriver si l'on fait un appel au peuple, on finira, assez badin, par demander un roi à Bade.